Wiersze z szuflady

Wiersze z szuflady

Jadwiga Jaga Rudnicka

Opracowanie graficzne: Jadwiga Rudnicka

Kontakt: e-mail: dzikajagoda@gmail.com
www.galeriajagi.pl

ISBN 978-83-62905-22-5

Druk i wydanie: volumina.pl
Daniel Krzanowski
ul. Ks. Witolda 7-9
71-063 Szczecin
tel./fax: 91 812 09 08
e-mail: druk@volumina.pl
www.volumina.pl

Wydanie I 2011

zaśmiecam ten świat

zaśmiecam ten świat
uporczywie
podartymi rękopisami
nowo-narodzonych
wierszy

ale one istnieją
gdzie nie spojrzeć
wszędzie ich pełno
ulatują ze mnie w powietrze
oddycham
i już jestem
nabrzmiała poezją

próbowałam ją wytrzepać
z rękawów
kapeluszy
włosów
ale korzenie obrosły
moje wnętrze
zespoliły ciało

jest we mnie

jest we mnie pragnienie pisania
natchniona wyobraźnia
każe wytrwać

żadna siła nie powstrzyma
mnie od zamiaru
określania kłębiących się doznań
wypływających z potrzeby duszy
rwących się do zaistnienia na papierze

okiełznane i ujarzmione emocje
zamykam sercem w poezji
gdy pełna zadumy i pokory
kreślę jej portret

obnażam kartki

obnażam kartki
bielą czystą i nagą
otumanione

odcieniem uczuć
radości i smutki uproszczone
obnażam

pośrodku liter rzędy
słowa ustalone przeze mnie
kim jestem

jeszcze się nie narodziłam
wykształcam się
ze słów bożych się rodzę

jestem

jestem cała poezją
skąpaną w słońcu
oprószoną śniegiem

moje usta pieszczą
słowa
zmysły chwytają
w pamięć
ulotność wyobrażeń

tętni
pulsuje moje
ciało
podatne

spragniony język
poznaje smak
soczystych dźwięków

zastygła w bezruchu
zasłuchana
jestem cała poezją

moje zapatrzenie

moje zapatrzenie
na traw smukłych zieloność
na nieba kaprysy
i przyziemność
odczuj

moje zapatrzenie
na westchnienie ziemi
na rozstajność dróg
przygarnij

i zakochania mojego
usłuchaj
na tkliwość poezji
i sznur korali z jarzębin

jesień dała nam

jesień dała nam siebie

spacerujemy
po ulicach jesieni
smagani przez wiatr

na przekór wszystkim
przepowiedniom świata

na przekór jesiennemu
chłodowi

jeśli

jeśli kupisz mi farby
namaluję tobie
moje szczęście
we wszystkich
odcieniach jesieni

jeśli kupisz mi farby
zaproszę cię
na wieczorny seans
złotych liści

jeśli...

Biedronka

W moich włosach mieszkała
biedronka czerwona, mała.
Skrzydełka w kropki odpoczywały,
bose nóżki biegać nie chciały.

Mieszkała nie znając mnie wcale,
nie pytając o pozwolenie.
Wypadła, gdy rozczesałam
włosy grzebieniem...

Ten świat

Ten świat,
który śpiewem ptaków
budzi nas co rano,
jest cudownym prezentem
od naszego Pana.

Topole urokliwe,
dumne i dostojne,
oddają cześć Bogu
na ziemi pokornie.

Łany zboża roztańczone
na wietrze zuchwale,
łzę w oku wyciskają
żółtością dojrzałą.

Strojna wiejska droga
wdzięczy się barwami.
Niebo przyozdabia
zorza kolorami.

Cały świat,
gdy zmieniając dekorację
barwami się trudzi,
jest niezmiennie prezentem
dla nas wszystkich, ludzi.

Przy ulicy muzycznej

Przy ulicy muzycznej, trochę tak nostalgicznej,
jedno serce stanęło stęsknione.
A gdy śpiew usłyszało, to się z piersi wyrwało
prosto w pana otwarte ramiona.

I tańczyło szalone, tańcem otumanione,
przy mazurkach Szopena do rana.
Przy ulicy Muzycznej, gdzie latarnie uliczne
rozświetlają się co dzień dla pana.

A gdy z okna sfrunęły nuty, co w sidła wzięły
szczere serce, półsenne marzenia,
to orkiestra muzyczna, teraz apodyktyczna,
nagle takty zaczęła zmieniać.

I zagrała orkiestra, ta bezduszna, ta wieczna
tusz dla innej pisany damy.
Przy ulicy Szopena, co mazurki wciąż zmienia,
nowe serca porywa w tany.

Znowu jest nostalgicznie przy ulicy Muzycznej,
tylko wróble ćwierkają od rana,
o zbłąkanym przechodniu, co to w zeszłym tygodniu
nuty zbierał, upuszczone przez pana.

Choćbyś z całych sił

Choćbyś z całych sił
szczęścia chciał, człowieku,
nie da szczęścia słona łza,
smutek pod powieką.

Więc śmiej się, śmiej,
choć serce drży i płonie żalem.
Więc śmiej się, śmiej,
bo smutek tym ugasisz czarem.

Więc śmiej się, śmiej,
zabawiaj los, choć wcale nie do śmiechu.
Niech ludzki rój podziwia twój
radosny gest, człowieku.

Nie będzie lżej, gdy spłynie łza,
a nikt cię nie zrozumie.
Nie będzie mniej goryczy nut
w płaczliwej, słonej strunie.

Więc śmiej się, śmiej ...

Fraszka refleksyjna

Między nadzieją
a rozpaczą,
jak na obrazach Picassa,
względność zastrasza.

Twoja radość
czy złość
obrócić się może,
względnie,
przeciwko tobie

Salto w teorii

Byłam człowiekiem już wcześniej.
Czy to znaczyło,
że miałam się na nowo narodzić?
Ona jeszcze nie jest, szeptali inni.
Lunatykuje i ciągle przesypia swoje życie.

Dopiero później zrozumiałam,
że nic nie wiem.
I zrobiłam, co do mnie należało:
odnalazłam teorię doskonałą.
Leżała sobie na półce między książkami,
zakurzona.

Wystarczyło zrobić miejsce
i poprosić serce o zgodę.
Wydaje mi się, że ono tylko na to czekało.
Salto, to za mało.
To było jak brak powrotu na ziemię.

jak dawno

jak dawno nie byłam dzieckiem
pod koniec zimy
bazie obrodziły w tym roku
pieszcząc moje dłonie
ciało spowite w szaromglisty las
obnażyło tęsknotę za miłością

byłam kiedyś

byłam kiedyś rozmarzona
pod akacją
układałam wiersze jak klocki
ze słów

nie znałam wtedy
twojej drogi
dopiero ciebie odgaduje
po śladach czasu
ukrytych w zakamarkach
twarzy

teraz kwitnąca akacja
rozsypuje dalej
i dalej
swoje wonne kwiaty

dla ciebie i dla mnie

Świat starych dat

Tam, w niedalekiej przeszłości
został mój światek urządzony gratami:
stary adapter i z bluesem płyty,
nad stołem półka z książkami.

Świat przepojony zapachem wosku,
odgrodzony od życia fantazją, zmysłami.
Ulokowany w nieskończoności.
Obramowany czterema ścianami.

Świat karykatur, kulawych krzeseł,
papierosów i petów palonych tajemnie.
Nocy samotnych, wszechświata mocy
- co dzisiaj z tego zostało we mnie?

Gościł w nim często pewien Idiota
o sercu i duszy dziecka.
Szczery do bólu, pełen poświęceń;
zwiodła go miłość podstępna, zdradziecka.

Przychodził Grün, Pastuszek, Schiller,
na życie z receptami.
Spacerowali po moim światku,
zasnuci poglądami.

W tym naszym światku starych dat
beztroski, zatrzymany czas
projektował słodkie sny.
Tym naszym światkiem własnych prawd
byliśmy po prostu my.

Fraszka poetki

Skupia się,
stwarza wokół siebie ciszę .
Pisze zdanie, kreśli je,
potem znowu pisze.

Gdy zmęczona,
już pod wieczór,
kładzie spać się lekko,
myśli sobie do poduszki:
ciężko być poetką.

na pozór spokój

na pozór spokój
czyste milczące korytarze
przemykają szpitalnymi szlafrokami
prosto ku drzwiom bez klamek
prowadzą do więzień
chorób

tli się
w niedogaszonych papierosach
potrzeba orzekania
o wolności

w przebrzmiałych
od wyrzutu spojrzeniach
co raniły i dziwaczały u boku najbliższych
rozpoczęła swe panowanie
para-skrucha

drzemie mądrość
w szpitalnym kitlu
uśpiona i przykuta do łóżka

na pozór spokój
czyste milczące korytarze
widziały co innych osądzali
osądzą dla których pomiędzy
śmiesznością głęboko ukrytą
a słowem surowym
zaludnią się cienie
korytarzy

to było kiedyś

to było kiedyś
gdy byliśmy młodsi
wspinaliśmy się na wierzchołki drzew
biegaliśmy po górach na skrzydłach wolności
wznosiliśmy się w przestrzeń
w imię miłości

teraz
osuwamy się ku ziemi
zmniejszamy się malejemy
modlimy się i pragniemy znaleźć
swoje miejsce miłości
w wieczności

Czekanie

Myślała o nim cały dzień.
Na wieczór spędził z powiek sen
cień, co się wkradł jak kot,
w spłowiałe ramy dawnych tchnień.

Myślała o nim potem w noc.
Nad ranem zadrwił miniony czas
z miłości, oszukanej tą rozłąką.
W myślach spacerowała łąką.

Ranek, co splatał ulataniem
powieki, znużone tym czekaniem,
choć dzień w zanadrzu miał,
po prostu sen jej dał.

Pod wieczór otulona w koc,
wkradła się noc jak ćma.
Na niego zła.

Fraszka o kobiecie

Zadręczona zazdrością
i uśpiona nadzieją,
śni o słodkim spokoju
i o czułym spojrzeniu.

Sni o dniu zwariowanym
i szalonym w rozkoszy.
Budzi się rano zmęczona
i wszystkiego ma dosyć.

gołębie

naprzeciw mojego okna
mieszkają gołębie
cóż ja właściwie
o nich wiem

zawsze wracają
do swojego mieszkania
może kochają się
a może tęsknią
gdy któryś już wrócić
nie może

zwariowałeś mnie

zwariowałeś mnie
ulegam
szalonej rozkoszy żądzy
dotykam ciebie
jesteśmy urzeczeni

pod twoim dotykiem
rozpłynę się
a szkoda
chcę jeszcze zaznać
mękkiego ciepła
w powrocie na ziemię

zwariowałeś mnie
rozsypuję się
ogarniając w tym cieple
topnienia
szczelnie ciebie
lecę

Bal

Był sobie raz przepiękny bal,
co tyle miał uroku.
A na tym balu tyle par
wirowało w muzyki takt,
w półmroku.

I był sobie dzień,
trochę smutny i szary,
ostatni w tamtym roku.
Jak niepotrzebny, zbędny gest
zgubił w pośpiechu balu czar,
w tym smutku,
w tym półmroku.

Wirowały złote pary
na tym balu co miał gest
- i serca w dłoni.
Poplątały się zamiary
w tamtym tańcu, nie do wiary,
co go czas przegonił.

Był sobie raz przepiękny bal,
co tyle miał uroku.
Ach, po tym balu
zostało jej z loka
trochę złotego brokatu
w oku.

Bez sensu jest

Zimny był świat,
gdy uczucia twoje kradł.
Noce i dni
powiedziały o tym mi.

Opuszcza nas, czar co łączył,
ale zgasł.
Ciebie i mnie los z posagu
odrzeć chce.

Bez sensu jest
smutny, lipcowy deszcz.
Bez sensu jest i noc i mgła.
Bez sensu jest
śpiący, kulawy pies.
Bez sensu jest
moja rozpacz zła.

Zabrakło nam, prostych słów,
mądrych gam.
Miłość i łzy
podszepnęły o tym mi.

Zmienił się czas.
Jawnie zadrwił sobie z nas.
I ja, i ty,
szukać chcemy własnych dni.

Bez sensu jest...

modlitwa

zamówiłam dzisiaj
modlitwę
bez zbędnych słów
cicho i pokornie
powiedziałam
Boże pomóż

i naszła na mnie
na zamówienie
modlitwa
Wielkiego Boga

Ktoś ci wmówił

Ktoś ci wmówił,
że w zaświatach gdzieś,
drzemie bezsilności Bóg.
A z Nim śpi treść.

Więc zasypia czujna myśl,
wiele prawd się tylko śni.
Może już najwyższy czas
obudzić wiarę w nas?

Szukasz ciągle czegoś dalej,
choć przy tobie zawsze jest
Mądrości treść. Więc oddziel
Prawdy siew od plew.

Czy coś dzieje się dzięki tobie?
Albo dzięki przypadkowi?
Wszystko swój porządek ma,
od milionów lat.

Nieskończona wiecznie jest
Miłości Pieśń.
Najprawdziwsza z wielu dróg,
którą ci wyznacza Bóg.
Znajdź ją gdzieś.

Jestem urzeczona

Jestem urzeczona światem,
który opowiada cudów dzieje,
wodą, lasem, babim latem,
słońcem, bez którego życie nie istnieje.

Zachwyca mnie łubin,
co w przydrożnym rowie się wygrzewa,
i rozrasta się, i w lecie rozkwita,
krasząc swoim pięknem stare drzewa.

Jestem zadumana brzozą,
która płacze, choć łez nie roni.
Zawsze zielonym świerkiem.
I topolą, co od ludzi stroni.

Zachwycają mnie berła zbóż,
które złocą się przy drodze tak ładnie,
choć ich księstwo - kąkoli i maków -
po żniwach upadnie.

Jestem rozkochana wrzosem,
który zakwitł na ugorze właśnie.
I łuną, która żarzy się czerwienią,
i gwiazdą, która świeci, chociaż gaśnie.

Podziwiam mądrość zorzy, która tworzy
wodny taniec i ze światłem pląsa,
wychwalając cudne barwy
pod niebiosy - za pomocą słońca.

Jestem olśniona światłem,
które świeci w ciągu dnia tajemnym blaskiem,
i rozszczepia się, i barwami płonie,
chociaż tylko biały kolor ma w swym łonie.

A najbardziej niebo mnie zachwyca,
w błękicie i w świetle księżyca,
bo zakreśla granice przestrzeni
dla aniołów, ludzi i serc nie z tej ziemi.

jak długo

pomagałeś mi zdjąć płaszcz
dotykiem przemówiłeś

jak długo
gładziłam twoje oczy
przygasły

jak długo
owijałam się szalem twej skóry
zmiękła

noc scaliła się z przedświtem
nie witasz mnie w przedpokoju

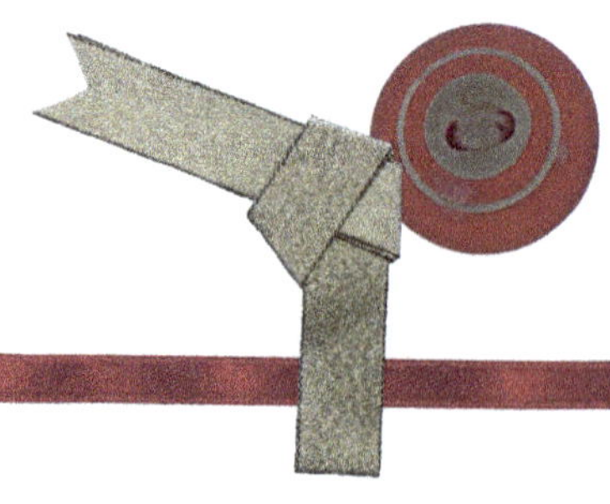

przemów do mnie

umrę na odrętwienie
jeśli mnie nie obudzisz
i nie natchniesz

przemów do mnie
zubożałej
o twoje myśli
i miękkość pieszczot

umrę na zgryzotę
jeśli mnie nie ocuci
twój uśmiech

nie bądź smutny
jak wyschnięte jezioro
jak zwalone drzewo
jak przygasła łąka

przemów do mnie
zgorzkniałej od tęsknot
i od twojego milczenia

Zaproszenie na koncert

zapalam lampę
oknem spogląda na mnie
rozświetlony skrawek nocy

wyciągam ręce
a im dalej w mrok
tym bliższy jest spokój

w tam lasku przy drodze
rechoczą żaby
słyszę jak przemawiają
do mnie jego mieszkańcy

czy nawołują o miłości
zapraszają mnie na koncert
koncert koncert

Właśnie koniki polne
nastrajają skrzypce do gry
delikatna symfonia leśnych
dzwonków wskazuje drogę

a więc wybiła godzina variete

pośpiech zdradzany trzaskiem
łamanych gałęzi
płoszy myszy
co pilnują leśnych śpiżarni

i już wiatr
szarpie struny leśnych harf

upuszcza nuty i zbiera
koi najgłośniejsze myśli

rozchyla swe ramiona
krzew dzikiej róży
zaprasza szumem liści
towarzyszy piano-akordom

podryguje smużka światła
takt wybija dzięcioł
zaszyty w ciemnościach
kołyszą się korale jarzębin
mrucząc murmurando

cały las rozdzwania muzykę
czystą i dźwięczną
ku polom i łąkom
ku światłom i cieniom życia

i tańczą gwiazdy
w ciemnej smudze mgły tak lekko
że mogłyby wejść na mleczną drogę
i rozświetlić piękno stworzenia
otrzymane w posagu

nagle jakieś cienie
dotykają gwałtownie traw
pisk nietoperza zdradza niepokój

nagle drzewa szukają podstępnie
ofiary zwidzeń
potrącany przez ćmy przestrasza
mechaty akompaniament

nagle rozkrzykuje się
jakiś gołąb przebudzony
żaby umykają w nieobecny czas

a gdybym to ja krzyknęła

cóż ja
nie potrafię przedłużyć koncertu
wypłoszę ptaki
i żaden nie usiądzie
na moich wyciągniętych dłoniach

pieszczony stopami
ziemi chłód
ogarnia moje ciało
kora jest teraz oślizła
jak skóra węża
trawa jest teraz zimna
i wilgotna
mały lepki liść opada

a jeśli zabłądzę

nie bój się swojego cienia
szepcze wiatr
płaszcz nocy okryje
nagły dreszcz lęku
i scali z materią
bożej przestrzeni
skąd jesteś
i dokąd powrócisz

Mądrość

Szukałam Jej w księgarniach i bibliotekach.
Nie przyszła,
żeby rozwiązać życiowe supły dojrzałych do gniewu konfliktów.

Szukałam Jej w inteligencji, elokwencji i intuicji,
a sploty złośliwych dróg
zaśmiewały mi się w twarz.
Do łez.

Chciałam Jej poszukać w dostatku,
ale skarby tego świata
drwiły sobie z uczciwości.
Były za daleko małych, ludzkich spraw.

Zrezygnowana pomyślałam, że nie znajdę Jej
w tym olbrzymim, modelowym świecie.
Wybaczyłam sercu porażkę
i zajęłam się zgłębianiem Miłości.

I wtedy Ona przyszła sama. Taka cicha i skromna.
Przysiadła sobie
o brzasku na progu mojej biedy.
Oczarowała mnie prostotą serca.
I pomogła rozumieć historię Salomona.

odkrywałeś mnie powoli

odkrywałeś mnie powoli
jak uśpione niedojrzałością dziecko

pozwoliłam tobie
kreślić moje rysy
malować usta i oczy
wygładzać
ukryty pod powiekami czas

rzeźbiłeś mnie w glinie
w drewnie
w kamieniu
jak wprawny formiarz

stopniowo wyłaniało się piękno
pokryte warstwą kurzu
pobudzone do życia
ciepłem twojego oddechu

a ty wsłuchiwałeś się we mnie
zapatrzeniem

jestem jak wartościowy kruszec
oprawiona szlachetnością
w tobie

W każdym dniu

W każdym dniu pragnę wielbić Boga,
w przypływie dziękczynnienia,
za to, że jesteś, Miłości Jedyna.
Za dar twojego istnienia.

W każdym dniu serce moje stęsknione
niech będzie dla ciebie darem
miłości tak wielkiej, jak wielkie jest szczęście,
filarem podparte, wiary.

Gdzie dwie dusze całe skąpane są żarem
jedności i Łaski u Boga,
tam szukaj daru ode mnie dla ciebie -
do duszy mojej to droga.

powiedział

powiedział

nie ma miłości
w małżeństwie
minęła
wygasła
to przeszłość

tak jest
nie tylko u nas
dodał

a ona

a ona nie wierzyła
że można
tak po prostu
wytłumaczyć
życie

mowa

mowa
mówka
potok liter
dźwięków szał
poskładany wyraz
dał

zdanko
zdanie
wyuczone
w barwnej gamie
zdusza domysł
zwalnia tętno
by nam często zrobić
piętno

Anioły

Anioły
nie chodzą do szkoły
i nie uczą się pisać,
ale wybawią od złego,
pomogą z polskiego,
doradzą wręcz doskonale.

Anioły
chodzą w świetlistej aureoli
i na nutach nie znają się wcale,
ale na trąbach anielskich,
jak mistrzowie nieziemscy,
grają zawsze subtelnie w finale.

Wiersz o aniołach

Jak tu napisać wiersz o aniołach,
gdy niewiara szaleje wokół?
Nie wystarczy wymienić blask ich odcieni,
dodać boskiego majestatu do kroków.

Pędzlem tak szybko można pokazać
postać anielską, o jakiej się marzy.
Bo chociaż anioły miewają kolory,
to jednak wcale nie mają twarzy.

Sercem jest łatwiej anioły pojąć:
oddzielić z materii, wyłonić z półmroku.
Bo chociaż anioły są niewidzialne,
są pełne barw cudnych, boskiego uroku.

Oddanie zrozumieć pomoże jedynie
ufność, co modlitwą rozbrzmiewa.
Dodaje żaru do skrzydeł ich czaru,
wiarą w duszy cierpiącej dojrzewa.

Rozstajność dróg odkryć nie jest tak
łatwo, gdy grzech sumienie zakrywa -
tu tylko pomoże działanie boże,
pokuta, co duszy życzliwa.

Lecz aby prawdziwie zrozumieć anioły,
rozpoznać ich zamiary - potrzeba miłości,
co resztkom wrogości dodać radzi
wybaczenie do wiary.

Taniec

Tańczyła dla niego we śnie,
senny sączyła czas.
Było miejsce gdzieś w tle,
na scenariusz w tym śnie.
Dlaczegoś gubiła jego twarz.

Tańczyła dla niego we śnie,
zbyt powiewna, jakaś nierealna.
Układała we mgle,
jak paciorki na szkle,
kroki niekończącego się tanga.

Aż tu,
on musiał odejść z jej snu
potajemnie,
pociągając za sznurek świat,
co zgłupiał i we śnie starych dat
- śmiał się nikczemnie.

Fraszka matematyczna

Najpierw - była sama.
Potem - ich dwoje.
Gdy już było ich czworo
zostało - tylko troje...

Wiatr

Przychodzi, nie wiadomo skąd.
Odchodzi, nie wiadomo gdzie.
Choć słychać jego szum,
gdy zbliża się.
Nieraz stąpa cicho tak,
jak zasiał mak.
To wiatr! Żywiołów brat!
Niewidzialny, pracowity gość.
Czasem robi coś na złość.
Najpierw cicho w drzewo puka,
w sień zagląda, w okna kuka.
Niewidocznie gdzieś przykuca,
mchem się bawi, liść podrzuca.
Leciuteńko sad omiata,
goni wróble, trawę splata.
Podsłuchuje w polu ptaki
i kołysze do snu maki.
Potem z hukiem wpada tak,
że aż strach. Ten wiatr.
Żywiołów brat.
Niewidzialny, tajemniczy gość.
Solidnie daje w kość.
To przy sianie się zakręci,
to, pomimo szczerych chęci
zwali płot, połamie drwa
i na szczeblach płotu gra.
A to chmury poprzegania,
a to w deszczu robi prania.
Wzburzy morze, fale zrywa
i po falachsobie pływa.

Pląsa w górach, wyje w lesie
lub po stokach echo niesie.
Robi zamęt na ulicy,
psuje dach tej kamienicy.
Tańczy w liściach z jemiołami,
drzewa zrywa z konarami.
Teraz hula po ogrodzie
i zatacza krąg na wodzie.
Niewidzialny, pracowity gość.
Pracuje jak na złość.
Czasem, gdy humor ma,
rzewne pieśni gra.
Najpierw cicho intonuje,
stroi nuty, tekst studiuje.
I wsłuchuje się w melodię
uciszony, zawieszony niby
na odchodnym.
Po czym hymn zaczyna nowy,
cichy, senny i jesienny.
Delikatny, urokliwy,
raz subtelny, raz leniwy.
To na żarty leciuteńko:
jarzębinę leśną głaszcze.
To nadaje ton mocniejszy
pieszcząc chaszcze.
Dźwięczne nuty stroi dumnie:
wrzosom, świerkom
-tak jak umie.
I zastyga czar muzyki
doskonałej,
do jesieni dostrojonej
tak dojrzałej.

A za chwilę - dom zaśmieca,
wydmuchuje iskry z pieca,
strąca kwiaty z doniczkami,
wyje w murze szczelinami.
A gdy wpadnie na podwórze
to przegoni psa. Taki wigor ma!
Wedrze się do dziupli w drzewie,
w rowie hula, pląsa w gniewie
i na listkach wierzby gra.
Potem jeszcze zawiruje,
a gdy świat mu zawtóruje,
poobija gruszki w sadzie,
sień zaśmieci i w nieładzie
pozostawi tak. A jak!
I zawyje jak na złość.
Niewidzialny, tajemniczy gość.
Teraz smutkiem w duszy łka.
Ten wiatr. Żywiołów brat.
I odchodzi cicho tak,
jak zasiał mak.

jakieś dziwne

jakieś dziwne
niewiadome labirynty
rozgościły swoje cienie
w twoim mózgu

i zaległy nieprzytomne
twoje oczy
na obroty dziwnych
zdarzeń niewiadomych

bo jak głupie
nieuprzejme jakieś stwory
wzrok przenoszą
z dawnych wspomnień
na noc głuchą

Jesteś

Jesteś.
jak to dobrze,
bo za oknem głośny wiatr.
Tak się bałam,
byłam sama,
księżyc sny mi kradł.

Jesteś.
Już nie odchodź,
w taką straszną, zimną noc.
Już jest dobrze.
Jestem z Tobą.
Otul szczelniej koc.

Jesteś
razem ze mną.
Przy mnie cały świat.
Teraz sobie może hulać
ten uparty, zimny wiatr.
w taką straszną, zimną noc.

Nagi świat

Nagi świat.
Odarty ze skóry
Ziemia martwa i głucha.
Pnę się przez ten świat
bosymi stopy,
niosę słońce pod obłoki
nagiemu światu.

Pola brunatno-tkane,
niebo wiatrem usiane.
Biegnę przez pola,
przez łąki,
przystaję,
i zerwać bym chciała
stokrotkę,
co jej już nie ma.
Bo pola, łąki zorane.
Bo nagi świat.

Więc łzę ostatnią
co miałam,
w prezencie podarowałam
nagiemu światu.

Wiersz dla Mamy

Widzisz mamo,
niby kwiat różowy,
biały motyl w blasku zorzy.
Niby niebo,
a błękit sięgający nocy
jak nietoperz:
żywa peleryna stworzeń.
Ty określić określone
możesz.

Widzisz mamo,
szara ćma,
zapomniana przez naturę.
Stopniał wdzięk jej
w tańcu świecy.
Jak wiatr
niedogaszony płomień szalał.
Tak niełatwo
on ocalał.

Widzisz mamo,
proste słowo,
a układnych głosek strumień,
powtarzanych od dzieciństwa
niby składnie.
Jak to zdanie
wyuczone ładnie.

Ile słów niepowiedzianych
odkryj mamo,
widzisz, jak nie umię nazwać
mej wdzięczności,
co oplata twe korzenie.
By zbyt prosto nie zabrzmiało
me wzruszenie.

wtedy

wtedy była młoda
gdy przeziębiła miłość
i chciała ją nazwać

ale żadne słowa nie oddały
milczenia serca

odeszła
trochę chudsza i bledsza
aby uleczyć swoją miłość
z choroby czasu

padają deszczem

padają deszczem słowa
przez usta
nawyk
przez palce
wymówek slogany
tłumaczenia rzęsiście
wyrazy
srebrne monety

padają deszczem litery
pada deszcz

powodzi strugi
służki słów
milkną i mokną słowa
słowniki zapomniane

cicho
cichutko
szeptem
przechodzi deszcz

Ty tam usypiasz

Ty tam usypiasz, ja kładę się do snu,
a usypiając myślę o tobie.
Bo nasze dusze splecione w uścisku,
są zawsze razem przy sobie.

Żądne szeptów są nasze wargi,
tańczą słowa na wietrze w ogrodzie.
Słodko pachną włosy kochane,
zegar ponagla czas na komodzie.

Choć nasze ciała są w oddaleniu,
to serca łączą się skrycie,
bo w tym pokoju, przy przepierzeniu
Anioł słyszał ich bicie.

Żądne szeptów są nasze wargi...

Ja stąpam leciutko, na gwieździe przysiadam,
a Ty przychodzisz na brzeg istnienia,
gdy nasze sny się w jeden wtapiają
rytm czasu wiecznego na ziemi.

Żądne szeptów są nasze wargi...

Ty tam się budzisz, ja tu też nie śpię;
myślę sobie o Tobie. Bo nurt naszych myśli,
co dziś nam się przyśnił,
kieruje nas zawsze ku sobie.

Żądne szeptów są nasze wargi...

Dzień ze skrzydłami

Nie masz żadnego pecha.
Inni nie mają go też.
Więc się nie przejmuj,
tylko życie za łeb bierz.

Doradcą niech będzie
lekarz wierny - czas.
On przetrwa wszystko
złe i dobre w nas.

Dzień ze skrzydłami
przytrafi ci się.
Dzisiaj czy jutro
spędzi z powiek sen.
I poszybujesz tym dniem
przez inne
sfatygowane i sfilcowane dnie.

Gdy wszystko inne
nagle stanie się nieważne,
uśmiechem wygrasz
kolejny życia traf.

Wystarczy wierzyć
i serce mieć odważne,
by nie popełniać
więcej w życiu gaf.

Dzień ze skrzydłami...

Jesień

Jeszcze wietrzyk trawę pieści,
w stokrotki wystrojoną.
Senne słońce kolor gładzi
w sadzie winogronom.

A już jesień strojna w głogi,
w jarzębinę zadumana,
wchodzi sobie w życia progi,
jak wytworna jakaś dama.

Jeszcze malwy wystrojone,
jak panny w zaloty,
przecudnymi kolorami
ubarwiają płoty.

A już jesień roześmiana
babie lato snuje.
Płacze deszczem, skrzy się
w słońcu, jabłkami częstuje.

Jeszcze wdzięczy się nasturcja,
pod listkami pląsa.
Nagie pąki wypatrują
nadaremnie słońca.

A już jesień kroczy drogą
w melancholii cała,
i strzepuje drzewom liście
jakby sprzątać chciała.

Ach, ta jesień! Rudowłosa!
Żołędziowa! Kasztanowa!
Porozdaje swoje wdzięki.
Za zimę się schowa.

Spragniona ziemia

Spragniona ziemia,
otulona wyschniętą roślinnością,
otwiera ramiona przestrzeni
dla życiodajnej burzy.
Zapowiedź zmian
rodzi w bólu nadzieję.
Na krople rosy.
Na bose bieganie po trawie.

Niech sobie

Niech sobie pada deszcz
na wietrze.
Niech krople deszczu wirują
jak szczęście - bajecznie.

Niech deszcz tańczy z nami
i w słońcu się mieni,
gdy pójdziemy alejami
obcych cieni.

Niech sobie wieje wiatr,
gdy pada.
Niech swoje nuty nam podpowiada.
Gdy stęsknieni, zagubieni
odnajdziemy miejsca
własnych cieni.

Niech radość w nas trwa,
gdy złączeni - ty i ja -
już na zawsze odnajdziemy
roztańczone cienie dwa.

Aniołem

Aniołem
chciałabym być,
aby zawsze być z tobą.

Aniołem
chciałabym być,
aby móc kochać.
Jak anioł.

Spis treści

www.ingramcontent.com/pod-product-compliance
Ingram Content Group UK Ltd.
Pitfield, Milton Keynes, MK11 3LW, UK
UKHW021836270726
14058UKWH00002B/185